Die Buchstaben, in denen ich schwimme

Uwe Kraus

Impressum:

Die Buchstaben, in denen ich schwimme

Gedichte und Gedanken von **Uwe Kraus**

Alle Rechte vorbehalten. Nachdruck und sonstige Verwertung nur mit schriftlicher Genehmigung.

© Uwe Kraus - in der **Novivitalis Serie No. 11**

ISBN: 9783754384275

www.facebook.com/novivitalisVerlag/

www.uwekraus.de

Herstellung und Verlag: BoD - Books on Demand, Norderstedt

E-Mail des Autors: uwekrauslyrik@gmx.de

Covergestaltung: Tony Caulfield,

Sämtliche Personen und Vorkommnisse sind frei erfunden. Ähnlichkeiten mit lebenden oder verstorbenen Personen sind rein zufällig.

LASST MICH TUN WAS IMMER ICH WOLLTE!

Die Buchstaben
In denen ich schwimme:

Mit meinen gebrochenen Herzen
Können die Verse nicht atmen

Ich bin zwiesam
Wie vielfach

Meine Seele
In diesen Gedichten klingt

Auf die ich liebend
Den Fortbestand des Heils
In Unrast und Unruh bekehre

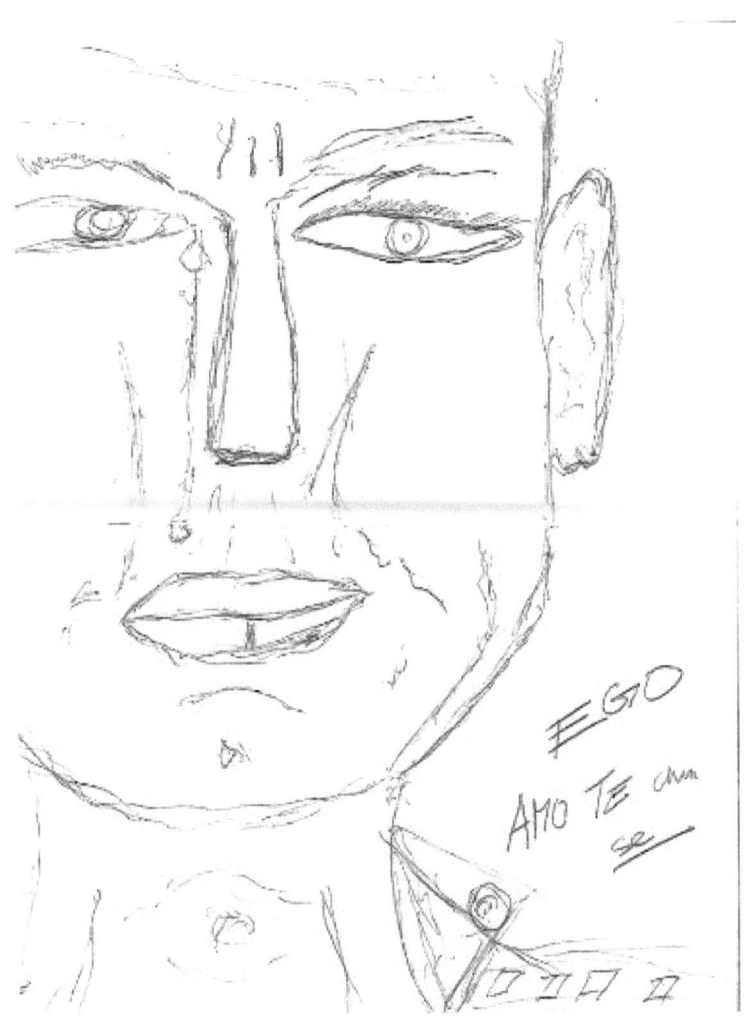

1. Teil

Abend.b.rot

In der Küche spiegelt sich im Sonnenuntergang
Vielfach der Hunger
In der notwendigen Ernährung.
Im Backofen
Werden die Bücher gefertigt
Wie Brot für die Welt-

Wann beginnt man das Kind zu stillen?

Isst, es ist für alle genug

Sonntag

Still träumt das Herz
Vom Ticken der Bombe
Im Bleichen
Veränderten
Dieses neuen Jahres

Teufelin

Dort
Wo die Seele theologisch
Verunreinigt von weiblichen Götterfunken weiß
Gewaschen wird
Im Universum meiner Engel

Ist aller Seele Aufgang

Brack

Im Herzen
Dein Zifferblatt
Das den Zeiger vorwärts zwingt

Wie die Zeit rinnt

Auch wenn der Zeiger doch
Stehen bleiben möcht
In Deiner Gegenwart

Wissen

War weit mehr als Geschäft
Da war Kant
Der die Philosophie lähmte
Oder auch Nietzsche
Und alle leiseren Gehirnquetscher
Die sich durch die Jahrhunderte stritten
Denn
Logik
Ist der Märtyrer aller nihilistischen Gaben
.. so verstehe ich jedenfalls-

Jetzt

Setz mich
Dort
Wo auch ein Efeu
Den moosigen Boden zehrt
In eine deiner Nähe aufklarenden Bildwelten:
Wer ich bin
Weiß nur der Plural

Ragga

Der Höllenengel warst MICH
Ich bin ein Zauberer
Der Dich entführte
Auf Umwegen
Zu uns

Ballast

Wer kann
Versprühen
Wie den Lack
Den ich auf die Karren spritze
Mit der Kartusche...
Ich habe nicht umsonst gelernt!

Das sind keine Gedanken
Das ist notwendig

Best

Das war der weite Schritt
Der Entfernung unserer Begegnung
Die mich hungrig macht
Auf dein Herz

Spuren

Verwegene Fährten im Lichtwerk:
Kom.m.et zurück mein Heil
Ein Plus begehrt den Weg zu dir

Deine Kraft
Kann mich pulsieren lassen
Im Herzen

Ich verstehe immer den Reim
Den ich schreibe
Verewige uns
In den Fraktalen des Basts

Und halte
Mich zwischen den Zeilen fest

Dreckig

Beflügelt
Von hungriger Stille
Ein leises Lied.
Ich umkreise den hohen Ton
Bevor ich ihn treffe

Kannst mir mein Herz vergrößern
Das kleine
Und meine Poesie

Blues 234

Musik hallt nach

Wenn ich mich in dir
Wieder finden sollte
Wie ein Engel

Spüre ich
Ich erfühle
Ich atme
Nur ein König
Wird dich in die Töne binden
Ich bin schwach wie Stein
Lass mich nimmer alleine sein...

Blauer

Oben bilden sich Wolken
Sieh die Kluft der Luft
Und der Versuch anders zu sein
Nein
Ich bin nicht anders

Ich bin du oder
Du

Nicht wa.h.r

Morgenröte

Ich sah einst
Ein Wort auf dem Boden
Und hob es auf mit meinen Händen

Ich webte es in meinen Wortteppich

Dann schichtete ich es in Zeilensprünge

Nur tatsächlich weiß ich
Der Tag beginnt so nimmer
In holden Phrasen

Trolli

Wegweiser
Fürwege und Umwege

Warum komme ich
Nicht an

Oder war ich dort schon
Hinter dem was es gäbe

Wäre ich nimmer
Nur immer da

Dann bleibe ich

Sonnenstrahl

Einst saß ich still
In den Weiden zerlegte ein Blitz
Die Blickdichte

Ich stand auf
Und war frisch geboren
Im Licht der Sonnenstrahlen

Sie pulsierten auf meiner Haut
Und kraftvoll und gespenstisch
Erhob ich mich

Ich schrie vor Freude
Der Gesundheit entgegen

Dann kam das mit den Gedichten...

Kraft

Du träumst
Doch der Worte ist schwer zu folgen

Fluchend sitzt du
Und führst mit mir Gespräche

Du atmest und schnaufst
Und frisst die Zigaretten
Und Blüten

Wo ist dein Unglück

Spielplatz

Ein Doppelherz:

Ich begegne dir

Ich spiele mit Worten

Ich bin **anders**

Weit weg
Von uns und
Den sieben Siegeln

Meningitis

Der Wahn
Lebte in mir von der Stimme

Die zweimal
Da ist

Wenn man spricht
Mit bestialischen Knoten
Der Seelen

Kellerherzen
Die träge loslassen

Im ummantelten schwerelosen
Niemand

Ich verführe die Herzen dir
Lieb oder du bleibst einsam!

Laugh for love

Ich atmete still
Zog mich zurück
In Dein Herz
Und schaukelte auf der
Überdosis Glück
Bis Gabriel
Von mir Besitz ergriff
Und ich den Wahn verschlang
Da Du mich weg stießt
Wie einen Thor
Der vor dem ich immer Angst bekam
Wenn er warf seine Blitze auf mich
Dann erhalte mir
Meinen Tag mit Vergangenheit
Dass ich die Blumen
In der gegangenen
Trauer verstreue.-

Kurt Cobain zugeeignet

In Utero:

Die Schrotflinte
Abgeschnitten

Durch die pulsierenden Wangen
Und Lippen gedrückt

Nevermind.
Nirvana.

Dort wo die Zweifel
Verändert werden

In alten Liedtexten
Hinter den Pforten der wahren Begegnung

Vom Donner

Ich bin ein Bruder der Donner.
Sie verfallen den
Göttern der Teufel

Glaub mir
Ich bin sicher bei euch-
Wenn der- abgeflachte Schub verfrüht
In den Wehen

Warte doch

Es füllt sich der Kelch
Wie ein Ballon
Mit dem man
In die Lüfte steigt
Um wieder und wider
Der Freiheit zu entfliehen

Verfallet nicht
Der Schwerkraft
Sie kommt
Und führt mich
Nach droben

Da.. dort

Folget- ich werde folgen
Rührt mir nicht das Honigherz

Es gesteht die Liebe
Im Eigenverlag

Vom Sehnen

Durch die Sucht
Endet die Morgenlandfahrt
Im Sommerregen

Ich sah die
Kinder spielen
Im Sand
Dann füllte ich die erste Erinnerung

Wenn..

Am Abend
Der Tod streift
Zwischen dem Farn
Der Wiesen

Dann wandele mit mir
Hand in Hand
Durch die Reife
Der Ähren

Ich leuchte
Mit meinen Augen
In deine
Und greife

Die Nacht
Mit unseren Händen

Klagebuch

Trage mich in den
Mittelpunkt-
Nur DU im Traum
Der eingeritzten Weide
Am Weiher

Frage mich

Ich verändere Dein Himmelszelt
Ich bekehre Deine Gedanken

Sie fliegen
Mit den Kometen
Folget schreien sie

Ich folge
Ich antworte
Ich begehe
Das Packeis im Strom
Das gefühlt

Schöner scheint
Als die Uhr
Meines Herzens

Versuche zu fragen.
Es bilden sich
Immer und immer mehr
Die gedrückten Gedichte
Ich will ich wollte

Und mag mit dir vollführen!

Blau

Liegt der Himmel
Du Wolkenmeer

In der Heimat

Als ich auszog

Und für mich eifrig wurde
Entstanden die Geheimnisse

Vor Weihnacht

Ich zog dich mit
Der Wind
Folgte uns

Dann ging ich allein
Verlassen und ruhig
Von der Dunkelheit

Die im Herbst
Bei uns scheint

Wie dein lumpiges Herz

Schau auf

Lege dich inmitten
Der leisen Lieder
Danieder
Dann friere nicht
Da ist die Decke
Ein Mantel voll
Sorgfalt
Auch ein Sternenhimmel
In ihn gewebt
Ich verträume dich
Mit gehöhlten Händen

Anita

Die Mutterseele
Mit Apfelbäckchen
Purpurrot
Im lachenden Herz
Meiner Kindheit

Vers vom Plural

Berühre mein
Sorge dich um
Vollführe
Begehe

Stehle
Verfälsche
Niemals
Den Schatten

Du bist
Du warst
Ich verstehe
Ich verstand

Postwurf

Manchmal
Gehen und kommen
E-Mails Gottes

In die Träume
Die über der Gefahr stehen
Wenn die
Ewige Neugier und Kraft

Folgt und verfolgt mich

Ich bin stetig versucht dich an mich zu drücken
Dich zu malen mit Buchstaben

Du bist
Meine Ode
Der Nacht
&
Manchmal kommen die Gedichte
Aus dir
Und flüstern leis in mein Ohr

Scheine.

Ich esse
Die Seiten aus den Büchern
Und schlage die Weinflasche

Auf der Balkonbrüstung auf
Während ich färbte die Träume bunt
Und mein Hab und Gut

Ich vergaß vergesse und verstarb
Die Erinnerung
Die macht das Herz quick

Nimmer lebe ich noch
Bis zum Beginn
Einer neuen Sprachebene

Heile mein Herz

Die Schmerzen verändern
Das Herz in meinen Kammern

Pflückt sich
Der Dorn einer Rose in die rissigen Hände...

Brauch ich der Seele Schmerz?

Ich wandere den Sonntag entlang
Entführe dich
In die Gassen
Dieser einsamen Stadt
Die keinen Namen hat

Und es überwältigt deine Schönheit

2. Teil

Immer mehr

Immer mehr verschränken die Ohren sich
Hinter den Augen

Wer folgt mir außer dem Tod
Der voller Adrenalin

In mich springt
Mir das Herz raus reißt

Und meine Gedanken verwühlt.

Bodenhaftung habe ich keine mehr
Da ist Licht im Schacht

Ich gehe die Wendeltreppe hinunter
Und was sieht mein schräges Herz?

Es findet Frieden
Inmitten der Paten und Teufel

Und doch lösche ich niemals
Mein Lebensfeuer

Um gerade zu stehen
Zu sühnen und büßen

In der Matrix
Meiner Seele

Die Tage gezählt von vorn..

Du wandeltest inmitten
Meinen Gedichten
Zeigst neugierig deine Buchstaben
Und schließt dich durch Zeit und Rat
Ins Herbstzeitlos.

Ich folge deiner Stimme

Du bist meine Antwort
Der gestundeten Versuche
Die zu Heil werden

Wenn du den Schub verlässt...

Angst

Ich werde dich tragen
Durch die Herzen der Flüsse

Es ist Licht in der Kammer
Und ewiglich
Bricht das Licht seine Kraft..

Wohl für kein Unglück!

Plot 2

Leidend in meiner Gegenwart
Beschützt du die Nacht

Ich vertraue und umbaue
Ich erinnere und hatte
Nein
Ich habe dich gerne

Egal wie schwer ich es zeigen kann

Psalm

Ich sah
Den Kreis meines Lebens
und atmete
Schwer und fruchtbar.

Sieh mich an

Und keiner erfährt
Warum die Geschichte endet

In meiner magnetischen Kraft
Heile heile
Sinngabe des Blutstroms
Im Irgendwo der Erinnerung
Meiner Brauchtümer

Che.Ian

Die Denkzerfahrenheit
Der vergangenen Tage

Es fällt ein Blatt auf meine Schulter
Ob Eiche oder Lorbeer?

Es schützt mich
Vor wilden Tieren
Verätherten Getränken
Und Überdosen

Der leisen Gedanken..

Viertel vor Zwölf

Sterne füllen den Schein des Mondes
Vorwärts atmet der Zellengeist

Oder sollte ich vergessen
Die Nachmitternachtshymnen

Puls Plus
Sieben mal bis Mitternacht

Dann erzählt man die Sterne
In der fröstelnden Gegenwart

Opas el como

Ich hatte einst
Viele Namen
Viele Gesichter

Schnitt nur keine Grimassen

Wandere mit mir
Auf den Wegen des Himmels
Nimmer lass los

Fixsterne
Die an der Wand hängen
Überragen den Fußboden
Dort sind die
Zeichen im Schnee
Die Spuren von fernen Wegen
Fährten der Wolken

Wie auch komplexer Negative

Ich atme dich ein
Und aus

Glaube mir
Ich vergesse nicht

Beweiskraft

Das ist der Beweis:

Du nur du könntest beruhigen
Doch
Wer ist schon du

Lieblich

Die Herzwand atmet fest

Ich atme
Doch nur mein Gruß der Blumen
Öffnet dein Herz

Ich verliere mich in dir Zweisamkeit
Du bist ohne mich..
Warum auch?

Blind

Nimm mein
Zweites Herz
Das Tote kannste
In den Müll drücken

Der Kater hat doch
Seine neun Leben
Sein imaginäres Fell

Auf meiner Brust
Das lass mir meine Sorge sein

Ich speichere die
Liebe in der Folge die
Aller Leben erreicht

Lehrgedicht zum Jahr meiner Entstehung

Trage dich ein
Auf der Seite
Sie wird reinweiß
Und kristallen

Folge der Bauanleitung:

1. nimm mich
2. keine Macht den Drogen
3. danke für alles
4. gelogen wird später

Von großen Begriffen

Ab und zu Felder
Dort und da
Geschwungene Häuserblocks
verschmiert mit den Botschaften
Einer geteilten Gesellschaft

Schweratmige verrußte Buchstaben
Kohle und Teer sind imaginär
Ist denn das Wort nicht mehr
Als Schwert
Wert im neuen
Pastellgrau der Wolkenwand

Ja ich l.i.ebe

Nur wohin mit den Nährmitteln
Die meine Grube graben
Ich verführe
Berühre
Befürworte

Lass uns ruhen
In goldenen Kissen
In der verlaubten Giftküche meiner
Prometheischen Versbildung

Lau

Der Himmel schwebt im Wolkenhain
Und droben am Firmament
Dein heiliges Herz

Ich schlucke tief in mich
Und reite durch die Kraft
Deiner Gedanken

Wohin verschlägt sie mich

Ich bekenne deine Münder
Dein holdes Gesicht
In der Heimat dieses Gedankenstroms

Vertrau umbau oder verändere mich
Ich bin eitel und unnahbar-
Aber nicht für dich..

Bypass

Das Herz verfällt
Dem Doppelherz

Dabei muss immer der Muskel
Den seinen erquicken

Um stählern und pochend
Die Liebe zu erhaschen

Und sie in eure Kräfte zu verfassen
Ich suche um und führe

So glühend so stark
Verdränge ich Gebote

Im Atemast steckt der Traum
In den Zweien

Und arrangiert das du
Im Blau

BIBLOS

Ein Buch ohne Seiten
Ein Gedicht der Seelen
Ein Vielfaches vom Zehnten

Ein Name in dich geschlagen
Ein großer Bruder über dir
Ein Viertel davon

Wird ein Gedicht
So wie wenn es David schrieb
Und dich hütet im Klang der Mitternacht?

EWU.lution

Donner vom Himmel gefallen

Ich wandere den Sonntag entlang
Und verwandele meine Sorge

In Gutes
Oder auch Hoffnungsvolles

So will man den Mären
Nimmer zürnen

Das biblische ich
Wirkt versteinert

Alwella 2

Deine Vernunft beflügelt
Die Gedanken

Immer kommt der Traum
Aus dir hervor

Die gestreifte
Gefährliche Liebe

Die
Mich verfolgte birgt die Sucht.

Es keimt die Hoffnung
Wie eine Seifenblase im Mondenhain

Als sie verführte die Gedanken
Die uns verlogen

Ja sie belog ihre Verfolger

Nur sieh das Pferd der gute Gedanke
Kommt hervor mit seinen Feen

Bösevoll

Die Liebe kommt
Nie um zu hassen
Nie ist sie fassbar
Weg gerückt
Oder gerade gedrückt
Kommt sie ohne Müh

22:39 Uhr

Gift- tropft Gift
--
Ich verliere Erinnerungen
Und baue mir Silben und Brücken

Um durch diese die Zeit festzuhalten

Verlieren sich die Gedanken
Im Puls der Signale?

Ich reime im Licht
Ewige Metapher: der Wind, der Wind

Du himmlisches Kind
Folge

Ich verfolge
Die Zeit?

Plus

Die Liebe kommt viermal
In dreidimensionierter Kraft

Ich will dich
Und mich in dieser Kraft-
Teile mit mir
Und gib zurück!

Niemals verändere mein Heil
Ich hab dich lieb
Im glorreichen lumpigen weisen HERZ

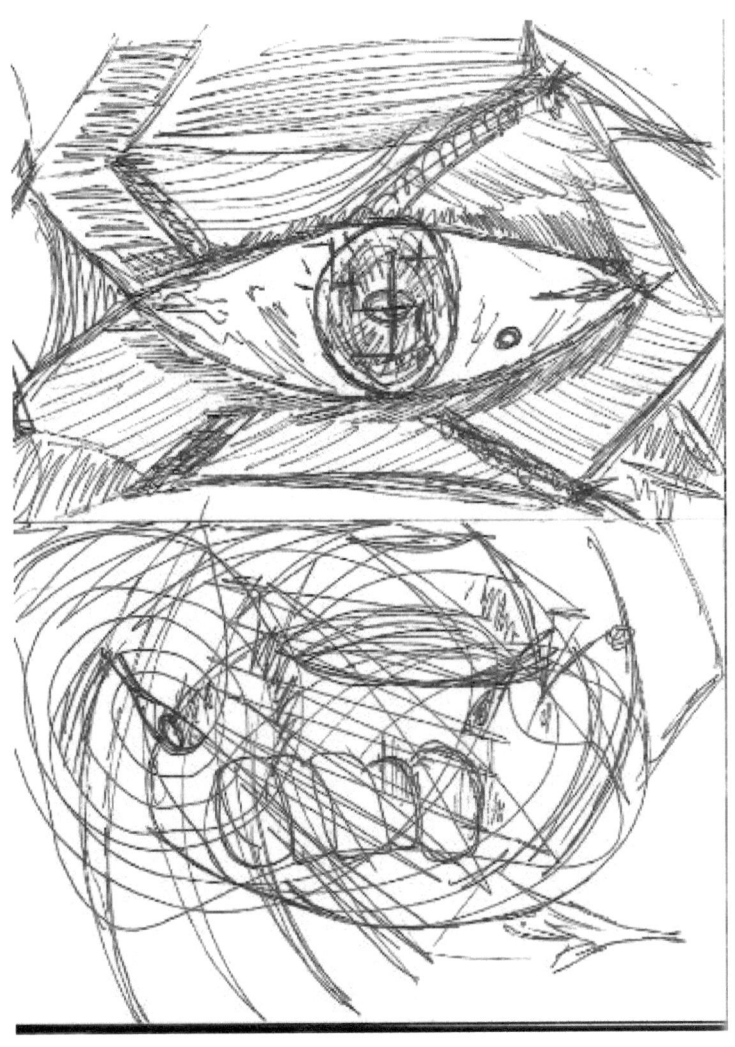

3. Teil

Das alte Atheaneum

1. Wenn ich schreibe wirkt alles im raum der texte wie eine
lüge oder irre ich mich wenn ich nicht in dir irre gedichte sind
dazu da gelesen zu werden mit ihnen sprachen zu sprechen

2. Ich vergesse kein wahres wort es steckt im holz der
granatapfel der sehnsucht ich vermisse die liebe im nirgendwo

3. die blume verpflanzt sich dort wo diese -nervenbündel
anschluss finden zwischen martern und materie im reich der
poesie / wo sonst

4. drache flieg mit im herbst der verwelkten blätter und färbe
den horizont wie blumen des baumes komm hör

N o

Keine vergehende Minute
Ohne Stille in deiner Aura
Gott ist heimelig

Und schön ist´s dankbar
Zu leben
Kein Laut kommt mir

Zwischen der Ebbe und Flut
Denn
Ich meditiere die Stille

AUF DER SÜDSEITE

Links liegt der Bach der
Die Welt formt
Durch seine Wellen

Ich halte das Wasser an
Um über den Tälern
Dein Herz zu hören
Auf den glatten Felsen klingt es leis´

AN DER HÖH

Einst stieg ich
Schweratmig
Durch den Basalt und die Seinwüsten
Der Sterne

Ich hob die Taler auf
Die ich greifen kann
Die für uns alle scheinen

Ich vergaß:
Dann beginnt
Mein Mondwechsel

Ich schlafe
Auf seiner Schaukel
Ein Wohl
Auf die ROMANTIK

Kraft

Die Maschinen im Herzen
Pulsieren
Wie ein Kompressor
Schneidet sich die Luft
Und die Lust

Ich mag es zu fühlen
Dich zu spüren

Wenn du nah bist
Wie ein Meteor
Der auf mich zu rast
Und mich fest drückt
In den Gang deiner Beine
Ich fülle das Stundenglas

Und es will nimmer der Sand verrinnen
Den die Sternschnuppe brachte

Die Dynamik

Ich war gebrochen
Und wollte schwimmen
Im Fluss der kristallen ins Tal floss

Auch bewegte ich mich statisch im Wasser

Ich war drei Meter
Ins Wasser gestiegen
Dann sog mich der Fluss in die Ebene

Ich bin stärker im Herzen als ihr glaubt

Vor mir sah ich die Steige der Berge
Ich musste geträumt haben
War ich doch in den Psalmen gefangen
Und sie waren der Weg
Der mir vorbestimmt war
Ich bin ein Psalm in der Dichtung
Und grabe mich durch Flüsse
Und Gedankenströme
Wenn ich nicht trauere um euch

Alwella 3

Ich sah über den Auen
Ein grasgrünes Leuchten
Es berührte die Fee
Des lieblichen Pferdes
Auf der SIE geritten kam

Die Zebrafrau biss in den Granat
Und klagte sie vergiftete sich
Tief im Herzen seit ehedem

Sie war immer vergiftet im Skalp
Ich leuchtete Alwella
Den Weg zu den Gedichten
Sie wurden im Wahn geschrieben

Wie diese Lettern der Träume

Schrei

Engel sieht man sterben
Und droben und drunten
Mahlen sie die Seelen klein

Ich wollte immer anders sein

Ich schrie nach Frieden und Glück

Doch stahl sich die Antwort zurück

Lerne?

Ich wollte nie

Schneiden ins Fleisch
An dem es zehrt

Der Wind bläst zeitwärts-
Westwärts

Ich arbeite die
Seele rein
Wie ich mich taufte
Als Gott

Ernte den Roggen

Verfalle
Dem Klee und leg dich zu mir ins Feld

Dort lass mich ruhen mit dir
Und unsere Liebe teilen
Dein Herz
und mein Herz

Im Felderlatein

Namenlos

Allerlei Grimassen schnitt ich in die Nacht
Es fabulierte die Sternenwand
Von kleinen funkelnden Astralleibern
Die in die Hemisphäre drangen
Bis Mitternacht
Dann hob die Geisterstunde an
Zu arbeiten in mir
Im Schlaf krochen Unwesen
Gnome Elben und Wölfe in meine Ohren
Und belebten die Träume
Bis das Telefon schellte
Und ich erwachte
Dann begann auch mein Frühstück
Und mit ihm die reale Arbeit

Kraftvoll

Die Stimme zerfällt
In tausend kleine Stimmen
Sie schreien durcheinander
Und reden mit mir
Bis ich die Läufe
Der einzelnen Töne
Aufhebe und sie ordne

Puls

Eins Plus Mitternacht

Ich verwirre mich nicht.
Ich bin anders.
Einfach gebaut
Aus Zartheit und Phantasie
Ein Wortlaut
Den man haucht
In tiefer Nacht
Eine Kraft die fehlt
Mitten dem Herzen
Im wohlen Winter

Träne

Ein güldenes Versprechen
Führte mich in den Abgrund

Ich begann in mich zu atmen
Und fürsorglich
Führte ich dich mit mir.

Dort fühlten die Winde
Ein summendes Lied
Ich stieg tiefer
Und begann zu erinnern..

Das Schloss um dein Herz

Im Wüstensand
Reiben Körner
Vom Wind getrieben
An den Pforten deines Herzens.
Ich schöpfte in der Hitze nach Hoffnung
Und hoffe auf Einkehr..
Doch das Tor ist geschlossen

Kein Durchbruch
Keine Wiederkehr

Ich verlauf mich in den Labyrinthen
Deines Glücks
Und finde kein zurück:

Einzig die Ausdauer
Wird mir den neuen Weg weisen

Stern

Finstern
Liegen die Zwischenwelten
Vor uns Menschen

Dort wo Beginn und Ende sich ähneln
Gar dasselbe bedeuten könnten
Klingen meine Gedichte leis.

Swan lee.

Ich erinnere dich

Du warst immer da

Dann begehre mich

So kalt
Der Lichtzwang

Im Farbklang: die Poesie
Schrieb ich auf der Suche nach dir?

Zurück im stillen Metrum
Das wäre für dich gewesen..

Serophil

Der Blick ins Innere

Ich sehe Blumen und Auen
Bebaute und sanierte Erinnerungen

Exzellent versuche ich
Durch den Fels zu steigen

Und unsere Lieder zu ummanteln
Mit Decknamen

Die der Weisheit nicht näher klingen

Versquell

Ich reagiere:

Kann ich die Fremde zerstören
Wenn ich die Stimmen verbiege

Ich atme kompressorisch
Und fresse die Zigaretten

Bis die Halme
Sich senken über mein Haupt

Live

In der Stadt
Füllen blumige Zigarettenautomaten
Die Gedanken mit Qualm

„Ich verkaufe Licht und Tafelwasser"
brüllt ein Kioskbesitzer
Und verschüttet die Cola

KEINE PROMILLE

Ich fantasiere nicht
Das ist mein Weh das aus mir bricht

Wissbegier ändert nicht die Probleme

Warum nicht?

Werwolf

Farbreste
Abgeschabte Bilder
Fliehkräfte
In holder Kraft

So ziehen die Farben ins Azur
Des leisen Himmels
Großmütig
Schiebt die Sonne den Mond vor
Am Abendhimmel-

Es begehrt ein großes Wort
Dass: es gibt mich
Mich, in der Kraft der Buchstaben

Schmetterling

Stromlinienförmig
Der Gesang des Windes
In Aufruhr und Hast
Der klingt wie Duft
Und lange atme ich
Den Trank der Poesie

Glück

Die Strähne des Scheitels gegelt.

Ich wollte anders sein
Doch bin ich erschwert auf der Suche
Meines Lebens.

Ewig verbiegen sich die Antennen:
Der Vierteltakt
Ein karger Akt

Woher und wohin
Mit der Botschaft

Ich rufe das Glück
Obwohl es verregnet wirkt

Wann wird man glücklich?

Immer die Schläge des Herzens
Die mich erweitern
Ich halte die Tränen waagrecht

Doch nicht der Versuch
Die Vergangenheit zu Leiden
Bringt mich am End zum Schluss

Bibelschrift

Ich war überrascht
Von deiner Anmut
Dein Mund zum Küssen schön

Ich fiel wie ein Stern
Durch die Mäander der Zeiten
Ohne zu strukturieren
Wo ich war
Wer ich war
Und was mit mir geschah

„Ich liebe dich"
Sagte ich leise
Und schloss die Augen
Während wir küssten

Du bist mir nah
Wie wenn ich die Herzen massiere

Psychedelisch

Brich auf zur anderen Seite
Meiner Vergangenheit

Und glaube wohl
Oder übel

Ist verstehen ein Kunstgut
In Texten die außerirdisch bleiben

Süß

Honig glimmt
In meinen Tränen

Ich versteh
Nur zu genau

Du oder du
Jedenfalls

Wird der Mond gewaschen
Im Trabantenschein

Sieh doch:
Den Greis der leis

Die Bilder dreht &
Nur wünscht

Die Nacht wär ihm und dir

Blauer

Die Wolken geweißelt
Im leisen Ton des Windes
Der schnell
Wie ein ICE
An den Haltestellen
Vorrüberschnellt

Ich flieg in seinem Sog
Und falle die Wolken hinab
Vom Teppich aller Verse

Kolik

Rotorblätter
Schneiden den Ton
Des Tinnitus
Im Ohr

Ich war zu stark konzentriert
Um dies rote Männlein
Leibhaftig vor mir zu sehen

Und immens zu speisen
Den Hut der Frucht

Lüge

Lege dich ins Versbett
Und schmeichle den Bildern

Ich verrücke Zeilen
Und ändere Zeichen

Um dich minutiös anzuziehen
Dich auszuziehen

Um großartig zu Bebildern
Deinen Körper

Ich verführe dich
Im silbernen Mondwechsel

Der unendlich wie Novalis strahlt
Biblisch wärst du ein Apfel

Den man nicht pflücken sollte
Da du ja aus meinem Fleisch gereift

4. Teil

Liebe/gedichte

Es wird Zeit mich zu ändern.
Die Flügel der Propellermaschine
Verschwinden
Im Wolkenmeer
Der große Bote ist allmählich verschwunden

Ich verliere die Orientierung &
Sende meinen Kompass
In die Geschichte die ICH schreiben werde

Nur dort ist das Heil
Der Weisung:

Ich schreibe dich satt!
Ich schreibe…
Muss ich erklären?
Das Licht der Erzählungen
Wird weiter scheinen

Wie unendliches Licht
Im Fadenmeer der Sonnenstrahlen

Meister

Es geht ums Ändern.
Eine Kraft die ich kenne
Verstecke oder vergnüge

Brauchtum meines Wachstums!

Seht her:
Ich will mich ändern!
Schneidet sich die Zwischenwelt
In ein Schwert
Das ich akupunktiere in mein Gehirn

Oder aktiviere ich die Buchstaben
Sinnloses Gefasel zu schmieden.

Denkt nur:
Ich komme her und hin
War dort und da
Oder auch Jenseits
Der zweiten Moden des Mondes

Ich verehre sie:
Die Weisheit
Wie eine Schönheit
Zu der ich Brücken baue
Wieder!
Ja wieder
Ich will neu sein
Unbedacht
Der saure Beigeschmack
Ist weggeätzt von meinen Lippen
LASST MICH TUN WAS IMMER ICH WOLLTE!

K

Raus in das Leben
In die Gegenden

Doch zu den Tatsachen

Es wird Zeit die Neugier zu überwinden!

Blubb

Gelinde gesagt
Geht es mir zu gut

Oder florieren die Geschäfte

Ich sehe mich
klein und verspielt

Dann wieder groß und prüde

Ewig geht der Weg
Oder vollführt sich das Doppelherz

Ich war selbst
Ständig war ich selbst

Oder war ich Gott
Oder ein Zyklop

Nie wurde ich einsamer
Als mit DIR

Borg

Weltraum
Unendliche Zeit

Riesige Schritte
Für die Menschheit-
Kleine für mich..

Ich wandele schwerelos
dem Saturn entgegen

Es gibt eine Unendlichkeit..
Das weiß ich..

Es gibt Parallelwelten?

Der Weltraum:

Zweite Seite
Diabolische Kraft

Ich spalte Gedichte..

Warum eigentlich nicht?

Langsam

Windet sich der Strom
In ein reißendes fließendes Ungetüm

GEFAHR

Achtung überall Fremdkörper

Es wäre biblisch das Wasser
Wenn es zu begehen wäre

Ich gehe ins Licht
Geradewegs:
Aut idem

Wie es auf meinen Rezepten steht..

Lupo

Der Wolf blickt fletschend in deine Äuglein

Dann reißt er dir das Herz
Mit seinen Tatzen raus

Er verschlingt es

Spieglein
Spieglein

Es lebe die Schönheit
Bei den sieben Zwergen

In der Geschichte Rotkäppchens und
Der sieben Geißlein

Kindskram

Ganz schwach erinnere ich
Bin veräthert in den Zeilen
Und weiche dem Künftigen
Das die Zahnräder antreibt

Hier war ich

So skurril
Es scheint

Ich werde heil

Warum die Depots und Codes

Die Bücher
Leben bald

Letztes Gedicht?

Alles beginnt schleichend

Sogar die Liebe

Denket:

Sie führt mich
In die Mäander der Zeiten

Neu

Alles macht der September.
Den Herbst
Die goldenen Felder

Überreife Früchte
Wein
Den Zwiebelkuchen
Den ich so gerne esse

Ich regne das Wetter

Ich liebe meinen Herbst..
Seht das bunte Laub
Den Kirchhof inmitten der Stadt
Auf dem ich eine Kerze entzünde..

Als Kind liebte ich schon
Den grauen Bruder
Über den Feldern

Blauregen

Heiße Tage.
Sandsturm auf dem Asphalt

Libellen (wie immer)
Kreisen bis zu ihrem Tod im Wintergarten.

Ich antworte
Auf den Wolkenbruch

Ich erfahre dich im Himmelbett
Bis das Gewitter erschallt

Unter der Ampel des Mondes

Plasma

Zellgut
Keimgut
Wirtschaftliche Erinnerung

Ich wünschte mehrmals
Ich Zellgebiet
Im Symbioseraum
Der bösevollen
Und liebsten Erfüllung

Labello

Der Kussmund zum Küssen schön

Ich will dich
Nur dich
Durch die Mäander führen
Dein Herz berühren
Dein ist mein
Und groß und klein!

Ich erfühle..
Ja, ich erfülle
Ein neues Kapitel
Meiner Verse
Um ein Kuss
An deinem Mund zu sein

Perwoll

Ich hab die Tage angezogen
Sie kratzen nicht
Sie sind schmusig
Und der Weichspüler der Wolken
Wäscht den Beton

Meine Kraft etwas zu erfinden
Oder zu binden

Liegt schwer wie Blei im Schrank
Bei den Pullovern

Ich atme die schnelle Entwicklung
Meiner Manifeste
Die ich schreibe
Oder entwickle
Wie Filmbahnen
Im Filmriss

Ich bin Dichter

Aber das wisst ihr ja schon..

Ich

Wer ich sei?
Nur bedingt erfahrungswürdig

Ich ja ich
Bin Highlander

Wenn ihr mir glaubet
Ich bin der Krieger
Der Führer der Schreiber

All jener Werke
Die unendlich werden

Wenn sie gesungen
Sind sie verklungen?

EGO

Ich atmete reine klare Luft
Und hüllte den Sauerstoff
In Schweigen

Einst waren die Felder grün und
Die Ähren voll Korn
Und der helle Mond
Eine Schaukel
Auf der man schlafen konnt

Ich sah euch Erzengel
In der finsteren Nacht vorüber ziehen

In tiefstes Gebälk
Der leise Wind
Heulte still
Und scheuerte die Häuserecken

Ich erledigte meine Schreibarbeit
Und sog abermals
An meinem Dreiblatt

Ewig verbürgt sich
Die klare Nacht
In der ich die Luftfeuchtigkeit
Mit aller Macht spürte.

Ich änderte mich fortan
Und blieb Humanist

1979 – letztes Gedicht

Ein Jahr der Unvernunft
Ein Jahr der kunterbunten Tränen

Ich wurde geboren
In den Rinnsalen der Februare

ewig erschallten die Metren
verklebt in den Lasten der Zeit

ich wollt doch schreiben!

warum schreiben?

Wenn das Laster vergehen könnt..

Wer wäre ich
Wenn ich zurückgespult werden würde
An den Beginn der Nabelschnur?

Ich bin Vers.sager
Ein Freiträumer
Ein Klarträumer
Eine Niemandsrose

Rette mich damit ich wieder beginne zu atmen

Die Frage

Grüngrau fragte ich
Modern und still in die Mäander

Sterbe ich in Dämonie
Oder wäre ich grantig

Ich lache:
Warum Licht in Fetzen-
Ich immer mein:

So stell Dich ein!

Fühle weiter in den Ganglien der Zellen
Ohne Schübe

Du bist gediehen, verbleit
Oder gewürgt, du Gedicht..

Ich will dich und mich multiplizieren
Doch:
Wer lügt
Wer raucht
Wird nimmer fassbar..

Ich verliere deine Zeilen
Sie erdrücken mich
Durch fehlende Orientierung?

Adresse

Ja ich wohn hier..
In der Blüte der Astern
Leis klingen die Lieder

Im Blauturm der Wolken
Des schweren Eifers der neuen Tage-

Nur du bist im Gedicht
Das mich uneins macht
Das mich verlässt

Ich erwarte dein Kommen
Nur deines

Dort wo ich steh
Zwischen Matritzen der Lichtwolken

Wo bin ich?

Ich verliere verdrehe verheddere
Nur vor mir

WER BIST DU?

Atlantis

Höret meine Lieder

Ich atme Gedichte
Verserzählungen
Auch verwirre ich in der Zwischenwelt

Ohne mein Ende zu erreichen

Warum nur
Klingende Miniaturen
Im Stabreim

Ich habe gedichtet

Warum wieso weshalb- weil

Zero

Ich ergebe mich
Verneige mich vor den Blindwütigen

Den Schwermütigen
Der Demenz

Nur die Erinnerung an mich bleibt
Die Wiedergabe der Kraft

Der Freiheit
Der Zellen..

Jeder ist weiter
Hat ein Leben

Ein dürftiges Schicksal
An dem es zu kauen gilt.

Die Genetik
Die kausalen Fragen, der Imperative
Und Konklusionen

Die mich berühren im Herzen

Das ist der Mehrwert
Der Zellengeister
Die fortgehen und zu Laub verwachsen

Blickdicht

Ergo
Also das war so

Es gab Worte wie siedende Milch
Es gab Gedichte
Zucker und Schnee in den Schneisen

Doch mit aller Müh
Wird kein unbedachtes Sein erleuchtet!!!

Plot

Ego humanitas est
Oder esse?

Ich bin Lebensgeist aller Gedichte
Ich stehe hinter den Träumern
Im schweren Nimmerland
Und beobachte
Wie die Magier der Wortweisen
Durch neue Grenzen reisen
Verewigt nicht mich und mehr
Der Gabe Wunder
Die Gedichte
Durch Zauberhand entstanden
Verankert hinter der Pforte der Fürsorge
Und die Gedanken werden frei

& nur durch ein schreibendes Ohr
Wird Leben der Welt eingehaucht!

Kraft der Poesie

Einfach mein Herz das spricht
Worte in Wechsel bricht
Und mein Mut und aller Seelen Ruh
Das wünsch ich mir
Vor Gottes Gnaden
Denn sonst schaden
Meine Antikörper mir
Auch DIR
Denn wo soll der Wille hingeraten
Der meinen Rädern
Die Kraft zum Denken gibt
Und will ich mehr
Als Sinn und schwer
Bleibt meine Stimme mir erhalten
Als wenn die Flügel mich entheben
Um Märchen zu erzählen
Und zu lieben ganz und gar

Warum nur:
Das ist wahr

Taub

Ich wollt ich wäre Laub
Vergehen mit dem Wind
Und verbrennen
In lichten Flammen

Brüsk sagt der Kopf:
Sei Licht
Und glühe auf die Atmosphäre

Dann sagt der Sinn
Sei ein Herz
Das schlägt auf ewig
In den Körpern der Zeit

Ich wünschte mir ich wäre taub
Medium des Kosmos
Und würde die göttliche Stimme suchen in mir

Dann denk ich
Ich werd Lackierer
Und arbeite mit meinen Händen
Für karges Brot

Hoffentlich sagt der Stolz
DU MUSST LEBEN
Was sonst?

Vita Uwe Kraus

1979, am 17. Februar, wurde ich in Kaiserslautern geboren. Ich machte nach meiner Fachhochschulreife eine Ausbildung zum Maler- und Lackierer an der Meisterschule für Handwerker in Kaiserslautern und arbeitete im Familienbetrieb, wobei ich dann eine Ausbildung zum Kaufmann im Berufsfeld Büromanagement anstrebte. Vor Jahren entdeckte ich die Literatur und Philosophie für mich, die mich zwang zu antworten und zu schreiben.

Schriftsteller die ich bewundere und die mich beeinflussten:

George, Heym, Nietzsche, Celan, Ingeborg Bachmann, Novalis, Kafka, Songtexte von Sting, Radiohead, Hermann Hesse, Shakespeare, Lutz Seiler, Rimbaud, Allen Ginsberg, George Byron und Pablo Neruda;

Liste lieferbarer Bücher:

Der Stern des Lebenssinnes . 2001 . Gedichte . Bod

Fußball ist unser Leben . 2007 . Lyrik . Bod

Liebe/gedichte Lyrik aus neun Jahren . 2008 . Bod

Gewichte aus der Zwischenwelt . 2012 . Bod

Ewu.lution – Apokalyptische Gedichte . 2013 . Bod

Lunatics 2014 . Bod

Lichtwechsel . Gedichte . 2016 . Telegonos

Auf dem Weg zurück zu mir . 2017 . Telegonos

Englische Übungen . 2017 . Bod

An die Liebe und andere Ungereimtheiten . 2018 . Bod